AF254064

LA
CHAMBRE

EN

1886

PAR

M. PAUL DE JOUVENCEL

Député de Seine-et-Oise

Prix : **60** centimes

PARIS

E. DENTU, ÉDITEUR

GALERIE D'ORLÉANS (PALAIS-ROYAL)

1886

LA CHAMBRE

EN

1886

PAR

M. PAUL DE JOUVENCEL

Député de Seine-et-Oise

Prix : 60 centimes

PARIS

E. DENTU, ÉDITEUR

GALERIE D'ORLÉANS (PALAIS-ROYAL)

1886

LA CHAMBRE

EN

1886

I

En matière politique, prévoir est difficile, prédire est hasardeux ; on ne fera ici ni l'un ni l'autre.

Mais il est possible et utile d'étudier le caractère et les tendances d'une Assemblée qui a déjà parcouru le quart de sa carrière ; nous allons l'essayer.

Le résultat des élections du 4 octobre produisit d'abord une surprise générale ; les adversaires de la République se crurent beaucoup plus près de la monarchie qu'ils n'avaient osé l'espérer.

Les républicains mesurèrent avec stupeur le recul qui semblait s'attester ; et, en présence du danger, la dispute violente qui avait divisé les deux principaux groupes du parti fit place à un accord subit, par suite duquel les élections du 18 octobre rétablirent jusqu'à un certain point l'équilibre.

La législature de 1881 avait été composée d'environ 80 députés de la droite et de 470 députés républicains ; tandis que la législature de 1885, telle qu'elle sortait des élections, et avec l'augmentation résultant de la dernière loi électorale, présentait plus de 200 députés de la droite et 370 républicains.

Se trouver en présence de plus de 200 députés hostiles, c'était déjà grave pour le gouvernement de la République ; mais diverses circonstances semblaient augmenter beaucoup le péril.

Presque partout les élections s'étaient faites principalement sur les questions de politique coloniale résumées en un mot : le Tonkin. L'animation avait été extrême.

Les partisans, les défenseurs de cette politique revenaient non pas seulement décimés, mais réduits de plus d'un tiers par le suffrage universel.

Parmi les nouveaux élus, un grand nombre se classaient hautement dans le parti radical.

Quant au centre gauche, déjà fort affaibli dans la dernière législature, il venait de disparaître.

Où se rangeraient maintenant les élus dont le caractère politique était incertain, soit à cause de leur jeunesse, soit parce que leur entrée dans la lutte politique était toute récente ?

On l'ignorait.

Dès le 20 octobre, un des nouveaux députés, ancien membre de la gauche au Corps législatif de 1869, persuadé que la nécessité d'une entente avant la réunion de la Chambre s'imposait aux républicains, et que cette entente pouvait être amenée par la gauche radicale, visita l'un des membres les plus importants de ce groupe dans la dernière législature. L'homme politique considérable auquel il s'adressait approuva le projet et donna à son collègue des indications pour le réaliser.

Mais, le lendemain, les journaux annoncèrent que M. Lockroy s'occupait de convoquer une réunion plénière des députés républicains.

Commencer par reconstituer la gauche radicale semblait préférable, parce que beaucoup de nouveaux députés viendraient s'y joindre immédiatement et formeraient, avant la réunion de la Chambre, un groupe considérable par le nombre et par l'esprit d'union qui s'y développerait sans doute.

Au contraire, dans la réunion plénière tous les républicains étant convoqués, la rencontre des personnalités hostiles pouvait amener de graves incidents et accentuer encore les dissentiments ; néanmoins, devant l'autorité qui s'attachait à la situation du premier élu de Paris, et bien que cette entreprise parût offrir moins de chances pour constituer un point d'appui gouvernemental et une force réelle, l'ancien député au Corps législatif dut abandonner l'idée relative à la nouvelle gauche radicale, et il se rallia au projet de réunion plénière.

Des convocations furent faites au nom de M. Lockroy et de quelques députés, ses amis.

Sa popularité, son talent d'orateur, l'initiative qu'il avait prise, la présidence de la réunion plénière qui lui fut décernée pouvaient donner une très haute influence à M. Lockroy dans le parti républicain ; cependant, quoique l'assistance fût chaque jour plus nombreuse, il n'y eut qu'un petit nombre de séances. M. Lockroy cessa les convocations.

Très peu de questions avaient été abordées dans ces séances ; il en était une, surtout, qui aurait dû être discutée entre républicains.

La revision de la Constitution faisait partie des programmes sur lesquels beaucoup de députés avaient des engagements. Le Congrès allait se réunir. Il s'agissait de savoir s'il y aurait lieu de demander la revision dans cette assemblée. Les programmes semblaient l'exiger ; mais, en présence du résultat des élections, la situation du parti républicain et de la France l'interdisait, au moins pour un certain temps.

C'était donc le cas de faire intervenir une décision du parti sur cette question avant la réunion du Congrès.

En résumé, ces réunions ont été utiles, non pas pour constituer une entente, mais pour montrer que les dissentiments n'étaient pas aussi violents qu'on eût pu le craindre. Les séances n'amenèrent aucun orage, et elles ont montré que, dans l'avenir, des réunions semblables entre républicains pourront avoir une grande importance.

II

La Chambre s'assembla le 10 novembre.

Le 14, les pouvoirs de 445 membres ayant été vérifiés, le bureau fut élu.

M. Charles Floquet, ancien président de la gauche radicale, fut nommé président. Une rare présence d'esprit et une impartialité irréprochable avaient beaucoup grandi sa situation depuis que, après la chute de M. J. Ferry, il avait été élevé à la présidence de la Chambre en remplacement de M. Brisson, devenu président du Conseil le 6 avril 1885.

Deux vice-présidents furent choisis dans l'ancienne majorité, un autre parmi les républicains qui ne font partie d'aucun groupe, et un autre parmi les membres de l'extrême gauche.

Dans la séance du 16, M. Brisson prit la parole.

Après avoir montré la nécessité de l'union entre tous les républicains, il annonça que le gouvernement venait dire son sentiment sur les principales questions dont se préoccupait la France : gestion financière, politique coloniale, question religieuse, administration.

Sur le premier point, il constatait que l'accroissement des recettes pour les dix mois écoulés de l'année 1885 ne montait qu'à trois millions et demi, tandis que :

« Les frais de certaines expéditions militaires et les sommes réservées à l'amortissement n'ont pas trouvé leur compensation dans le rendement de l'impôt. »

Si les économies compatibles avec le bon fonctionnement des services ne suffisaient pas, il faudra donc, disait le ministre, demander de nouvelles ressources à ceux des impôts existants qui semblent les moins lourds aux contribuables.

Il reconnaissait que les expéditions dans l'extrême Orient et à Madagascar pesaient le plus sur notre situation financière. Ces entreprises ayant pris un développement très onéreux, il fallait rompre avec ce système; mais il déclarait que le ministère ne pourrait se prêter à une politique d'abandon de ces contrées.

Il proposait l'établissement d'un protectorat en Annam sur le même pied qu'à Tunis, avec organisation d'une armée indigène d'Annamites et de Tonkinois, tout entière à la solde de l'Annam.

Pour Madagascar, ses expressions étaient assez vagues.

Sur la séparation des Églises et de l'État, il lui paraissait que la France n'était pas favorable à une solution radicale, mais il reconnaissait que la question devait être posée et discutée dans une prochaine session.

Adoption de la loi militaire déjà votée par la Chambre précédente, projets sur la législation des fabriques et sur l'organisation des caisses diocésaines de secours, facile entente pour les lois relatives au travail, à l'industrie, au commerce et à l'agriculture, enseignement technique à tous les degrés, institutions de prévoyance, répression à l'égard des fonctionnaires qui avaient oublié leurs devoirs — en ne dissimulant point que ce ne serait pas l'affaire d'un jour — tel était le programme du ministre.

Il fut écouté sans faveur, sans applaudissements. Ceux qui le connaissaient d'ancienne date s'étaient attendus à d'autres déclarations de sa part. Ce discours était lu d'une voix triste et froide. Le seul passage qu'il avait souligné d'un accent plus ferme était celui dans lequel il avait repoussé toute politique d'abandon en extrême Orient.

Visiblement, son discours, dans l'ensemble, tendait à se concilier l'ancienne majorité plutôt qu'à la recherche d'une ligne politique conforme à la situation nouvelle.

Candidat à la présidence de la République, son passé et ses programmes antérieurs lui permettaient sans doute d'espérer des voix radicales ; mais il lui fallait ne point déplaire aux députés de l'ancienne majorité, sans le concours desquels il ne pouvait parvenir à la magistrature suprême. A son insu peut-être, cette nécessité du candidat nuisait à sa situation de président du Conseil.

Outre l'imprudence de cette hautaine déclaration au sujet du Tonkin, il venait, sans besoin immédiat, sans ménagement, annoncer à la France de nouvelles charges, comme conséquence de l'occupation du Tonkin. Il apportait ce don de joyeux avènement à une Chambre contenant 260 députés nouveaux, qui avaient protesté pendant les élections contre l'accroissement des impôts ; c'est ainsi même qu'ils avaient été le mieux applaudis par leurs électeurs, très ignorants des conséquences financières qu'entraînent leurs désirs légitimes de réformes et de progrès coûteux, qui figurent au premier rang dans tous les programmes.

Le premier mouvement d'une grande partie de la Chambre fut donc une résistance intime à ces déclarations principales.

Et lorsque, ensuite, on relut le discours et qu'on vit le ministre annonçant que, pour les lois relatives au travail, à l'industrie, au commerce, à l'agriculture, on pourrait facilement s'entendre, le désappointement fut égal à la surprise.

Pouvait-il ignorer que c'était dans ces questions profondes et redoutables que l'avenir, et un avenir prochain peut-être, rencontrerait les plus pressantes difficultés?

Et pour toute direction, pour principe de conduite, il annonçait que l'entente serait facile !

Les générations politiques nouvelles sont heureusement loin d'ignorer ces questions; elles en connaissent les obscurités, les dangers.

C'était sur ces questions qu'un ancien du parlement tel que lui, considéré comme un homme de doctrines, devait apporter des déclarations rationnelles.

Dès le 17 novembre, la chute de M. Brisson était certaine.

A la fin de novembre, M. René Brice ayant demandé à interpeller les ministres de la guerre et de la marine sur les acquisitions de blés étrangers opérées par leurs services respectifs pendant les mois d'août et de septembre 1885, et d'un autre côté plusieurs députés ayant proposé que, dans tous les marchés passés pour les services publics, il fût introduit une clause stipulant que les fournitures seraient d'origine française, M. Cavaignac, sous-secrétaire d'État, répondit que cette décision dépassait la compétence du ministre de la guerre et intéressait toute la politique commerciale de la France, car les nations étrangères useraient de représailles.

En outre, cette clause aurait pour résultat d'augmenter beaucoup nos dépenses militaires; par exemple, les conserves de viandes étrangères coûtant moitié moins cher que les conserves indigènes, rien que sur cet article il y aurait un supplément de dépenses montant à deux ou trois millions.

Dans un ordre du jour approuvé par 402 voix contre 93, la Chambre se déclara convaincue de la nécessité de réserver à l'agriculture nationale les fournitures de l'État, en ajournant toutefois sa décision définitive jusqu'après la discussion à intervenir sur les propositions de loi faites en ce sens.

Le 21 novembre, M. Sadi-Carnot, ministre des finances, avait déposé une demande de crédits, montant à 75 millions pour le service du Tonkin et à 4,036,358 fr. pour Madagascar. Une commission de trente-trois membres fut élue.

Le 28 novembre, M. Barodet proposa le dépouillement et l'impression des cahiers électoraux, c'est-à-dire des professions de foi et des programmes sur lesquels ont été faites les élections d'octobre 1885. Conformément à ce qui avait été décidé en 1881, cette proposition fut votée.

*

Nous passerons sous silence plusieurs discussions dont l'issue ne montrait pas encore clairement les tendances de la Chambre. Mais, le 15 décembre, un député de la droite ayant interpellé le gouvernement au sujet des suspensions de traitement infligées à des prêtres, M. Goblet, ministre de la justice et des cultes, démontra que le gouvernement avait usé d'un droit non douteux ; et il plaça sous les yeux de la Chambre un grand nombre de pièces constatant l'ingérence hostile de beaucoup d'ecclésiastiques dans les élections.

« Je crois, disait le ministre, que les mesures disciplinaires qui ont toujours été pratiquées sont des moyens bien insuffisants.... mais je n'en ai pas d'autres.... J'estime qu'au moment où nous sommes, dans notre société essentiellement laïque, il n'est pas vrai, il n'est pas juste que le service de la religion soit considéré comme un service public ; je crois que la religion est une chose d'ordre privé, une affaire d'opinion et de conscience, mais il ne dépend pas de nous *(ministres)* que cette solution ait la majorité dans le pays. S'il y a dans le pays, et par conséquent dans cette Chambre une majorité pour la séparation, nous le verrons bien.... En attendant que la séparation soit faite, je défendrai, comme je l'ai déjà fait précédemment, l'application entière du concordat et l'intégralité du budget des cultes. »

Un ordre du jour approuvant la conduite du gouvernement fut voté par 317 députés contre 156. C'était la première manifestation d'une majorité exclusivement républicaine.

L'impression et l'affichage du discours de M. Goblet furent ordonnés par la Chambre.

Le 17 décembre, M. Camille Pelletan, rapporteur de la Commission des crédits demandés pour le Tonkin, déposait et lisait immédiatement son rapport. M. Hubbard lisait ensuite le rapport relatif à Madagascar. La Commission proposait d'accorder au gouvernement 18 millions seulement au lieu des sommes qui étaient demandées. Après la lecture de ces documents,

M. Brisson s'empressa de dire : « Le gouvernement est prêt ; il maintiendra énergiquement, dans son intégralité, la demande de crédits qu'il a déposée, et lui donnera ce sens que la France doit rester au Tonkin. »

Le 21 décembre, la discussion fut ouverte.

Le 22, M. de Freycinet, ministre des affaires étrangères, annonçait à la Chambre qu'un traité venait d'être signé avec le gouvernement hova à Madagascar.

La situation des députés radicaux était difficile. Outre que les crédits demandés devaient être déjà dépensés en grande partie, les refuser au gouvernement, c'était faire un acte incompréhensible pour le pays. On savait bien que l'opinion générale, très hostile au Tonkin, était cependant beaucoup plus soucieuse de secourir nos soldats que de marchander les dépenses imposées par l'entreprise ; mais, si l'on refusait les crédits sans restriction, n'était-ce pas approuver l'entreprise que l'on s'était engagé à blâmer ?

Plusieurs députés auraient désiré qu'on proposât un amendement qui permît d'accorder les crédits en blâmant l'entreprise. Une diminution de mille francs et même moins, expliquée à la tribune, pouvait remplir ces conditions ; mais rien ne fut fait en ce sens.

M. Georges Perin, président de la Commission des crédits, se prononça énergiquement pour une solution qui tendît et arrivât promptement à l'évacuation.

M. Clémenceau, dans un très beau discours, déclara que le triomphe des radicaux sur cette question serait malheureux, puisque aucune majorité n'était possible contre 250 républicains qui semblaient rester partisans du Tonkin.

Les débats se terminèrent le 24.

Sur 540 votants, 273 se prononcèrent pour les crédits, 267 contre.

Ce vote, qui n'accordait que quatre voix au ministère, lui donnait les crédits en même temps qu'il lui infligeait un échec politique évident ; car beaucoup de députés qui avaient voté les crédits se montraient hautement résolus à voter contre le ministère à la première occasion.

III

La date de l'élection du Président de la République était proche.

On connaissait plusieurs candidatures.

Les nouveaux députés, satisfaits d'avoir en main cette part d'une véritable souveraineté constitutionnelle qu'ils allaient pouvoir décerner, discutaient les mérites et les chances.

Les uns tenaient pour M. Brisson ; sa vie sérieuse et grave inspirait le respect ; sa ferveur républicaine n'était pas douteuse ; à la vérité, il avait éloigné de lui les radicaux par ses déclarations sur le Tonkin, et il avait découragé les hommes d'étude en affirmant que la solution des questions économiques était facile.

Plusieurs députés radicaux faisaient une active propagande en faveur de M. Anatole de La Forge. Celui-là encore était un vieux républicain, d'une loyauté connue. La bravoure qu'il avait montrée pendant l'invasion donnait un relief particulier à sa candidature.

On parlait aussi de M. de Freycinet.

Pour M. Grévy, on ne faisait point de propagande, elle était inutile. Auteur d'un amendement célèbre, par lequel il s'était opposé, en 1848, à l'élection du Président de la République par le suffrage universel, il avait voté en 1875 contre la Constitution actuelle.

Ces deux actes principaux dans sa carrière en faisaient le candidat nécessaire de ceux qui trouvent la Constitution très défectueuse.

Les adversaires du gouvernement lui reprochaient de ne s'occuper de rien.

Aux yeux des républicains, cette abstention apparente était un mérite; moins le Président agit extérieurement, mieux il habitue le pays à se passer d'un roi. D'ailleurs, les vétérans du parlement savaient bien que son inaction ne signifiait pas indifférence.

Aux termes de la Constitution, le Congrès était réuni à Versailles le 28 décembre 1885.

Dès l'ouverture de la séance, les membres de la droite commencèrent un violent tumulte. Ils prétendaient que le Congrès était illégal parce que les députés invalidés de plusieurs départements y manquaient. Ils réclamaient la parole et ils protestaient parce que des huissiers interdisaient l'accès de la tribune.

Le gouvernement avait adopté cette théorie que le Congrès assemblé pour élire le Président de la République n'était qu'une assemblée électorale et, en cette qualité, ne pouvait aucunement délibérer,

Dans le parti républicain, on était loin d'un accord unanime sur ce point. La Constitution ne dit nulle part que le Congrès, en ce cas, n'est qu'une assemblée électorale. Il n'existe même point de règlement à l'usage du Congrès; d'où il faut inférer nécessairement que, dans la pensée des auteurs de la Constitution, le Congrès représente une délégation de la souveraineté nationale trop haute pour ne pas rester maîtresse de la direction de ses opérations en toute circonstance.

Nous n'examinerons pas ici cette grave question.

Cependant, le danger d'une discussion dans les conditions où l'on se trouvait au 28 décembre 1885 avait frappé l'esprit de presque tous les républicains, quoiqu'il n'y eût pas eu d'entente réglée à l'avance; ce qui, à vrai dire, était un grand tort, car jamais réunion plénière préalable n'eût été mieux justifiée.

Les vociférations de la droite continuèrent longtemps. Un

grand nombre de ses membres envahirent l'hémicycle ; plusieurs d'entre eux injurièrent le vénérable président de l'Assemblée nationale.

Ces violences prolongées pendant une heure contrastaient avec l'immobilité et le silence presque complet de la gauche. Il n'y eut point de débats.

Au plus fort du tumulte, le président, M. Le Royer, annonça qu'il allait consulter l'Assemblée, par un vote, sur la question de savoir si la parole serait accordée à un orateur de la droite. Les membres de ce côté n'en tinrent aucun compte et, continuant le tumulte, prouvèrent bien qu'ils n'avaient d'autre intention que de troubler indéfiniment les opérations du Congrès.

Un membre seulement de la gauche, M. Michelin, protesta et sortit de la salle des séances.

De tous les bancs occupés par les républicains, le scrutin fut réclamé. On apporta les urnes ; la droite s'abstint avec un certain nombre de membres des autres groupes : en tout 261.

Nombre des votants..................... 589
Bulletins blancs ou nuls.............. 13

Jules Grévy................... 457
Henri Brisson................ 63
De Freycinet................ 14
Anatole de La Forge.......... 10

IV

Le 7 janvier, M. Brisson avait remis la démission de tous les ministres entre les mains du Président de la République.

Le lendemain, par le *Journal officiel* on apprenait les nominations suivantes, à la date du 7 janvier.

M. de Freycinet demeurait ministre des affaires étrangères et était chargé de la présidence du conseil;

M. Demôle passait du ministère des travaux publics au ministère de la justice;

M. Sarrien, ministre des postes, devenait ministre de l'intérieur à la place de M. Allain-Targé;

M. Sadi Carnot gardait les finances;

Le général Boulanger remplaçait le général Campenon à la guerre;

L'amiral Aube remplaçait l'amiral Galiber à la marine;

M. Goblet restait à l'instruction publique et aux cultes;

M. Baïhaut restait aux travaux publics;

M. Lockroy, radical, remplaçait M. Dautresme au commerce;

M. Develle remplaçait M. Gomot à l'agriculture;

Enfin, M. Granet, de l'extrême gauche, recevait les postes à la place de M. Sarrien.

Deux ministres étaient donc pris parmi les radicaux; six ministres ayant appartenu au ministère précédent continuaient à faire partie du cabinet.

Après les vacances de janvier, dans la séance du 14, M. de Freycinet lut à la Chambre un message du Président de la République.

Par sa réélection, disait M. Grévy, la France attestait un ferme désir de stabilité gouvernementale.

« Elle a vu en un demi-siècle deux fois la monarchie et deux fois l'empire s'écrouler dans des révolutions; et quand on vient lui offrir une nouvelle restauration, elle sait ce qu'on lui propose : c'est encore une révolution, la plus redoutable de toutes, pour aboutir à un de ces gouvernements éphémères qu'elle a déjà subis et renversés. »

Il espérait qu'à son tour le parlement se préoccuperait de la stabilité ministérielle, nécessaire à la bonne gestion des affaires publiques et qui dépendait de la formation d'une majorité gouvernementale.

Le 16, M. de Freycinet lut une déclaration-programme pour son ministère.

« Dans la situation créée par les dernières élections législatives, aucun gouvernement ne saurait durer sans l'appui de toutes les fractions de la majorité républicaine. »

Chacun devait donc faire des sacrifices afin d'arriver à la conciliation.

En premier lieu, ramener l'ordre et la discipline dans l'administration, et faire dans ce but les exemples nécessaires.

Discuter solennellement le problème de la séparation des Églises et de l'État.

Rétablir l'équilibre du budget sans recourir à l'emprunt pour doter les services, sans créer de nouveaux impôts, mais en y suppléant par des économies et quelques augmentations des impôts les moins lourds.

Supprimer le budget extraordinaire.

Plus d'expéditions lointaines; garder les positions acquises en limitant les sacrifices au strict nécessaire.

Et tandis que les dépenses des protectorats figuraient au budget de 1886 pour 75 millions, les ramener à 30 millions en 1887, et les faire disparaître graduellement en quelques années.

Tel était son programme; il finissait ainsi :

« Nous saurons imposer à tous le respect de la République.

« L'ordre républicain n'est pas l'immobilité. Il doit être un effort incessant vers le progrès, un accroissement continu de la liberté, une élévation constante du niveau matériel et moral de la démocratie. »

Cette déclaration fut beaucoup applaudie. Elle différait notablement de celle qui avait été lue deux mois auparavant par M. Brisson, et la différence entre les deux personnes était non moins grande.

M. de Freycinet, ayant déjà plusieurs fois exercé le pouvoir, possédait une longue expérience de l'administration. L'habileté de ses discours était justement admirée.

Loin de la raideur doctrinaire qui apparaissait dans M. Brisson, il avait montré des qualités contraires, jusqu'à ce point qu'on lui en faisait un reproche.

Pour les hommes d'une valeur peu commune, les reproches des adversaires deviennent souvent un titre non seulement aux yeux de leurs amis, mais à ceux des sceptiques et des indifférents. La flexibilité! Nulle vertu à ce moment, pour un homme d'État, n'était plus nécessaire.

Depuis trois mois, une question extrêmement épineuse couvait dans les esprits, dans les réunions, dans les couloirs, après avoir été agitée par plusieurs journaux.

On savait qu'une demande de mise en accusation du ministère Ferry était projetée de divers côtés. Elle figurait même indirectement dans quelques programmes.

Nous n'avons pas de loi précise sur la responsabilité ministérielle : sans doute c'est un grand tort; les gens paisibles inclineront peut-être bien aussi à croire que le plus terrible châtiment, pour un homme politique parvenu au faîte de la puissance ministérielle, c'est la perte subite de sa situation, et une confirmation de sa chute prononcée par les élections générales.

Au sujet du ministère tombé si lourdement le 30 mars, la question était particulièrement grave.

Malgré la mémorable défaite subie par l'ancienne majorité dans les élections d'octobre, il se trouvait dans la Chambre nouvelle près de 180 députés républicains qui avaient constamment approuvé la politique du ministère. Un grand nombre avaient voté encore en faveur de ce ministère le 30 mars. Ils semblaient se demander si on allait les impliquer dans le procès comme complices. C'était déraisonnable, car ils pouvaient alléguer, non sans raison, que le ministère les avait trompés ; mais il suffisait qu'ils eussent cette crainte pour amener les plus violentes querelles.

Allait-on d'ailleurs combler de joie les monarchistes en leur donnant l'occasion d'envoyer un ministère républicain sur le banc d'accusation ?

Et lors même que la Chambre aurait repoussé la demande d'accusation, après que tant de colères auraient été déchaînées, comment parviendrait-on à gouverner ?

Il existait un moyen d'éviter cette tempête ; c'était de proclamer une amnistie générale à l'occasion de l'avènement d'une Chambre nouvelle et de la réélection du Président de la République.

Les journaux signalaient cette nécessité dès la fin d'octobre. On avait pressé M. Brisson d'en prendre l'initiative.

Au mois de novembre, une proposition d'amnistie pour tous les délits politiques avait reçu plus de cent signatures des députés radicaux.

Mais, le 21 janvier, M. Rochefort proposait, avec plusieurs collègues, une amnistie comprenant les crimes et délits politiques, de presse, de parole, de réunion et les délits électoraux.

En outre, cette amnistie devait s'appliquer aux Arabes condamnés pour les insurrections de 1865, 1871, 1880.

La proposition originaire se trouvait écartée.

M. Goblet, parlant au nom du ministre de la justice, déclara que le gouvernement était décidé à repousser toute proposition d'amnistie. Le Président de la République ayant récemment signé la grâce de douze condamnés politiques, tels que le prince Kropotkine, Mlle Louise Michel, etc., cette mesure lui paraissait inutile au point de vue politique ; elle lui paraissait même contradictoire avec les annulations d'élections faites par la Chambre.

On vota sur l'urgence, qui était combattue par le ministre.

Elle fut prononcée par 251 voix contre 248, et une commission fut nommée afin de soumettre à bref délai un rapport à la Chambre.

Ainsi, la majorité, qui avait si fort applaudi M. Goblet le 15 décembre, ne se retrouvait plus le 21 janvier.

V

Depuis l'ouverture de la session de novembre, la droite avait gardé presque constamment une attitude grave, dont elle s'était à la vérité bien dédommagée au Congrès.

Les républicains voyaient devant eux, exacts, en rangs pressés, tous ces monarchistes rassemblés comme au flanc d'une montagne.

Jusqu'alors ils n'avaient fait rien de remarquable, quoiqu'ils eussent entre eux de fréquentes réunions. Cependant la montagne monarchiste allait bientôt accoucher.

Le 4 février, à l'occasion d'une pétition réclamant la vente des diamants de la couronne, l'un des membres de la droite proclama à la tribune que, dans peu, la France serait débarrassée de la République.

Il s'ensuivit des protestations prolongées du parti républicain, et un rappel à l'ordre pour ce héraut de la monarchie.

Or, le soir même, on apprit qu'à la suite de cet incident, plusieurs députés, en manière de représailles, avaient déposé une proposition d'expulsion contre tous les membres des familles ayant régné sur la France.

A l'exception de quelques-uns d'entre eux nouvellement élus, ces députés appartenaient à l'ancienne majorité.

Leur initiative parut très hasardée ; beaucoup de radicaux, notamment, pensaient qu'une proposition de cette importance n'était point suffisamment motivée par quelques assertions violentes d'un monarchiste inconnu. Il ne leur paraissait pas sage d'amener une discussion qui, à divers points de vue, pouvait faire naître des difficultés nouvelles.

Le lendemain, dans les couloirs, on annonçait que M. de Freycinet était contraire à toute mesure contre les princes : il abandonnerait plutôt le ministère!

Cela était dit avec beaucoup d'assurance par ceux qui l'espéraient. Ils ne songeaient pas qu'aujourd'hui quiconque peut aspirer à la présidence de la République doit être fort hostile à tous les prétendants au trône.

Le 6 février, la discussion s'ouvrit sur le projet d'amnistie déposé par M. Rochefort.

Il fut repoussé par 335 voix contre 111. Beaucoup de radicaux votèrent contre, parce qu'ils ne voulaient amnistier ni les délits électoraux ni les Arabes; d'autres s'abstinrent.

M. Rochefort donna immédiatement sa démission de député.

Le 8 février, discussion sur la proposition de mise en accusation du ministère. Sur 403 votants, 254 voix se prononcèrent contre et 149 pour, et un certain nombre de députés appartenant à la gauche radicale, qui avaient signé la première proposition d'amnistie, s'étant abstenus, on put constater que le nombre des radicaux à la Chambre dépassait 160.

9 février, prise en considération d'un projet de loi ayant pour objet la réforme de l'assiette de l'impôt.

Prise en considération de propositions ayant pour objet l'établissement d'une taxe de séjour sur les étrangers, et l'introduction dans les marchés passés par l'État, les départements et les communes, d'une clause stipulant que les entrepreneurs ne pourront employer que des ouvriers français.

11 février, interpellation de M. Basly sur les événements de Decazeville. Un grand nombre d'ordres du jour sont proposés ; par 288 voix contre 180, « la Chambre, approuvant les déclara-

tions du gouvernement, confiante dans sa sollicitude pour les intérêts des travailleurs et dans son énergie pour assurer la sécurité publique, passe à l'ordre du jour ».

Dans la séance du 4 mars, l'expulsion des princes fut discutée.

M. de Freycinet combattit la proposition parce qu'il ne voyait pas un danger de nature à rendre cette mesure nécessaire, parce que, en outre, elle pouvait rompre l'union qui s'établissait dans le parti républicain à la Chambre.

Il pensait qu'on devait attendre que des circonstances plus pressantes vinssent à se présenter pour justifier une telle mesure; il assurait que la vigilance et l'énergie du gouvernement seraient à la hauteur de la situation.

M. Clémenceau répliqua :

« Vous avez dit : La proposition est mal posée, elle arrive à une mauvaise heure.

« Vous avez raison, je ne l'aurais pas signée; mais elle s'est présentée, vous êtes des hommes d'État, votre devoir est de la résoudre. Il ne dépend ni de vous ni de nous qu'elle n'ait pas été posée; écartée aujourd'hui, elle reparaîtra demain, dans trois mois, dans six mois ; elle surgira de nouveau, et de nouveau des difficultés de tout ordre s'élèveront et viendront troubler l'action politique du gouvernement, embarrasser, diviser la majorité républicaine. »

A l'exception d'un petit nombre qui avaient protesté par la bouche de M. Henri Maret contre cette mesure, qu'ils considéraient comme contraire aux principes de liberté et d'égalité, les radicaux votèrent avec M. Clémenceau pour la proposition, qui fut repoussée par 330 voix contre 193.

M. de Lanessan ayant proposé l'ordre du jour suivant :

« La Chambre, confiante dans l'énergie et la vigilance du gouvernement et convaincue qu'il prendra toutes les mesures nécessaires... »

Cette motion fut approuvée par 347 voix contre 109.

Le 11 mars, discussion sur la suppression de l'indemnité attachée à un certain nombre de vicariats.

Ordre du jour pur et simple adopté par 354 voix contre 179.

Le 13 mars, après deux jours de discussion sur l'interpellation de M. Camélinat au sujet de la grève de Decazeville, l'ordre du jour pur et simple est repoussé par 303 voix contre 185.

Ordre du jour proposé par M. Ernest Lefèvre :

« La Chambre comptant sur la fermeté du gouvernement pour faire valoir les droits de l'État, et convaincue de la nécessité de réformer la législation sur les mines pour mieux assurer les droits du travail... »

Pour, 171 ; contre, 180 ; presque toute la droite s'était abstenue.

Un grand nombre d'ordres du jour ayant été ensuite repoussés, les présidents des trois groupes républicains, c'est-à-dire M. Steeg, pour l'union des gauches formée des représentants de l'ancienne majorité, M. Remoiville, pour la gauche radicale, et M. Barodet pour l'extrême gauche, rédigèrent d'un commun accord la formule suivante :

« La Chambre, confiante dans la résolution du gouvernement d'introduire dans la législation des mines les améliorations nécessaires, et convaincue qu'il saura s'inspirer du besoin de sauvegarder les droits de l'État et les intérêts du travail, passe à l'ordre du jour. »

Cette formule, ayant été acceptée par le gouvernement, fut votée par 353 voix contre 89.

20 mars, discussion et adoption du projet de loi tendant à autoriser la ville de Paris à emprunter 250 millions et à s'imposer extraordinairement.

22 mars, adoption de la proposition de loi de M. Michelin et d'un grand nombre de ses collègues, ayant pour objet la publicité des séances du conseil municipal de Paris et du conseil général de la Seine.

27 mars, sur l'interpellation de MM. Thevenet et Jamais relativement aux tarifs de chemins de fer, après une très lon-

gue discussion, les présidents des trois groupes républicains et les auteurs de l'interpellation proposent la formule suivante :

« La Chambre prenant acte de la résolution du gouvernement :

« 1° De poursuivre activement des négociations avec les compagnies de chemins de fer, et notamment avec le P.-L.-M., en vue de l'amélioration des tarifs actuellement en vigueur, etc., passe à l'ordre du jour. »

Adopté par 365 voix contre 132.

VI

Le gouvernement avait proposé l'émission d'un emprunt afin de rétablir l'équilibre dans le budget.

Le rapport sur cette question, au nom de la Commission du budget, avait été lu à la Chambre le 3 avril par M. Wilson. Il concluait à autoriser un emprunt de 500 millions pour alléger la dette flottante.

Les débats s'ouvrirent le 5 avril et durèrent plusieurs jours.

Pendant la discussion, un député de la gauche radicale, rencontrant un collègue appartenant à l'union des gauches, lui demanda des nouvelles de quelque proposition que ce collègue avait faite.

« Il ne s'agit pas de cela maintenant, répondit le collègue; il s'agit de l'emprunt.

— Vous le voterez, n'est-ce pas?

— Moi? Certes non; et bien d'autres que moi le repousseront.

— Vous voulez donc faire tomber le ministère?

— Cela m'est bien égal.

— Et après?

— Après?... il y aura des culbutes de ministères, beaucoup de culbutes.

— Mais alors, il faudra donc arriver à une dissolution?

— Sans aucun doute.

— Eh bien, mon cher collègue, dit le député radical, votre majorité a perdu déjà cent cinquante voix aux dernières élections; si par votre faute on arrive à une dissolution, vous perdrez encore plus de cent voix qui se partageront, en des proportions que j'ignore, entre la droite et le parti radical. »

Le député amateur des culbutes s'éloigna en secouant la tête; et quelques instants après, le député radical était interpellé par un autre collègue de l'union des gauches qui lui disait : « Je ne vous croyais pas si ministériel.

— Non, dit le radical, je ne suis pas un ministériel endurci, mais je pense qu'il faut nous résoudre tous à faire vivre le ministère et la Chambre; pour commencer il faut tâcher de mettre le budget en équilibre; si vous nous menez à une dissolution, c'est vous qui payerez les frais. »

Le 8 avril, M. Maillard avait déposé une demande d'interpellation au sujet de MM. Duc-Quercy et Roche, journalistes arrêtés à Decazeville.

Le ministre de la justice demande que cette discussion soit remise jusqu'après le vote sur l'emprunt.

C'était chose importante puisque, si cette discussion avait lieu immédiatement, il était possible qu'elle se terminât mal pour le ministère; car, lorsque les faits seraient connus, il pouvait arriver que tous les radicaux dussent voter un ordre du jour de blâme. Il suffisait donc qu'un certain nombre de députés de la droite ou de l'union des gauches votassent avec les radicaux pour ébranler le ministère. D'ailleurs, l'ajournement du vote sur l'emprunt eût été déjà un échec au ministère.

Une partie des membres de la gauche radicale votèrent

donc le renvoi de l'interpellation après le vote sur l'emprunt, plusieurs membres de l'extrême gauche s'abstinrent.

Il n'était que temps : le scrutin donna 246 votes pour le renvoi et 236 pour la discussion immédiate. Si donc cinq députés radicaux seulement, au lieu de voter le renvoi de l'interpellation, avaient voté en sens contraire, on eût compté 241 voix pour la discussion immédiate et 239 contre. Dans la situation des esprits et de la Chambre, c'eût été une présomption contre le ministère et un mauvais pronostic au sujet de l'emprunt.

La discussion des 500 millions se termina enfin par un scrutin où 279 voix se prononcèrent pour et 222 contre.

Le 10 avril, sur l'interpellation de M. Maillard, la Chambre se prononça bien différemment de ce qu'elle eût fait peut-être deux jours plus tôt. Lo'rdre du jour pur et simple fut repoussé, et la Chambre, par 419 voix contre 64, vota un ordre du jour approuvant les déclarations du gouvernement.

Le 13 avril, la droite interpella le gouvernement au sujet des événements de Châteauvillain. Les autorités administratives ayant fait fermer une chapelle non autorisée, le propriétaire avait résisté avec emploi des armes. Les gendarmes ayant riposté, plusieurs personnes avaient été blessées, une femme était morte.

Ordre du jour approuvant la conduite du gouvernement, voté par 334 voix contre 184.

Le 17 avril, au sujet d'un chemin de fer entre Fréjus et Saint-Raphaël, la Chambre adopte la résolution suivante :

« Le matériel fixe et roulant destiné à la construction et à l'exploitation des lignes, objet de la présente déclaration d'utilité publique, sera exclusivement d'origine française. »

21 avril, discussion du projet d'exposition internationale, à Paris, en 1889, adopté par 345 voix contre 128.

25 mai, M. Carret ayant proposé d'attribuer une indemnité aux conseillers généraux, la prise en considération est repoussée par 271 contre 214.

27 mai, le ministre de la justice dépose un projet de loi au sujet des familles ayant régné sur la France. L'urgence est déclarée, et le projet renvoyé aux bureaux.

Ainsi qu'on devait s'y attendre, ce projet fit naître des polémiques véhémentes.

« Vous avez donc peur ? disaient les écrivains de la droite.

— Vous affirmiez, il y a trois mois, qu'aucun danger n'existait, vous parliez contre l'expulsion... vous voyez bien que nous avions raison alors. »

C'étaient les écrivains de la gauche qui parlaient ainsi.

En résumé, le ministère, trois mois auparavant, avait promis une vigilance dont il voulait donner la preuve.

Sans doute les monarchistes voyant écartée la proposition d'expulsion faite le 4 février avaient pu, dans leur bonhomie, s'imaginer que le parti républicain avait peur, ou même qu'un certain nombre de députés, incertains de l'avenir, voulaient se réserver une note favorable dans les papiers des prétendants.

Toujours est-il qu'après le rejet de la proposition d'expulsion, leur audace était devenue beaucoup plus grande.

A l'occasion du mariage de sa fille, le comte de Paris avait adressé des invitations aux ambassadeurs des puissances étrangères près le gouvernement français. C'était là un acte de prétendant déclaré, une sorte de prise de possession officielle, car plusieurs de ces ambassadeurs ne connaissaient nullement le comte de Paris.

Déjà, sous le ministère Brisson, à la suite d'actes ayant un caractère séditieux, on avait délibéré en conseil sur l'expulsion. Elle fut alors écartée.

Les invitations aux ambassadeurs devenaient un véritable défi; le ministère présenta donc un décret d'expulsion au président de la République.

M. Grévy répondit, assure-t-on : « Montrez-moi une loi qui m'autorise à signer de tels décrets. Je dois pourvoir à la sécurité de la République, mais je ne puis le faire que dans les termes prescrits par les lois. Or vous n'avez pas de loi qui m'autorise à signer de tels décrets. »

En effet, il n'y avait pas de loi précise, et c'est pourquoi le ministère présentait son projet.

Le suffrage universel, depuis quelques mois, apportait des lumières nouvelles relativement aux élections de la droite, en octobre.

Dans cinq départements les élections avaient été invalidées. En tout, 23 députés de la droite invalidés.

Or, parmi ces cinq départements, aux élections nouvelles faites en décembre et en février, l'Ardèche, la Corse, les Landes et la Lozère avaient envoyé des députés républicains à la place des députés de la droite invalidés.

Dans le Tarn-et-Garonne, trois députés de la droite étaient réélus, mais un républicain l'emportait sur l'un des députés invalidés.

Il en résultait :

1° Que les départements où l'on avait élu des candidats de la droite croyaient réellement élire des conservateurs, des amis de l'ordre, des adversaires de la politique d'aventure, et non des monarchistes empressés de préparer une révolution.

2° Qu'en ne renommant pas, en octobre, leurs anciens députés républicains, ces départements avaient surtout voulu protester contre la politique du ministère tombé le 30 mars et contre la majorité de la dernière législature ; mais qu'aussitôt leur mauvaise humeur satisfaite par l'échec des anciens députés et par un changement de direction dans la politique ministérielle, ils avaient bien préféré reprendre des républicains à la place des monarchistes, et s'étaient empressés de saisir cette occasion de prouver qu'ils n'avaient point cessé d'être attachés à la République.

1er juin, proposition de MM. Planteau et Michelin, tendant

à l'abrogation de la loi du 18 germinal an X (8 avril 1802), relative à l'organisation des cultes en France.

Prise en considération par 289 votants contre 240.

8 juin, M. Pelletan lit son rapport au nom de la commission chargée du projet d'expulsion ; il conclut à l'expulsion de tous les princes.

Dans la Chambre on ne pense pas que ces conclusions obtiennent plus de 140 voix. Cependant, après discussion, le 11 juin, l'expulsion totale réunit 220 voix contre 314.

Le projet du gouvernement complété par un amendement de M. Émile Brousse qui ordonne l'expulsion immédiate des prétendants et de leurs héritiers directs, et permet l'expulsion des autres princes par décret du Président de la République, est voté par 315 voix contre 231.

D'ailleurs, en vertu de l'amendement de M. Brousse, passé dans la loi, les membres des familles ayant régné sur la France ne pourront entrer dans les armées de terre et de mer, ni exercer aucune fonction publique, ni aucun mandat électif.

Dès que la loi devint exécutoire, le comte de Paris, dans un manifeste adressé au pays, déclarait hautement ses prétentions au trône ; il annonçait même son retour et son triomphe prochain, justifiant ainsi amplement les mesures prises contre lui.

Le 24 juin, après de longues et très laborieuses discussions, la loi du 30 août 1884 sur les sucres, qui devait cesser son effet le 30 août 1886, est prorogée jusqu'au 30 août 1888 par 368 voix contre 147.

Cette loi, établissant une surtaxe de 7 francs à l'entrée en France sur tout sucre européen étranger, constitue une protection à la fois pour l'industrie sucrière et pour l'agriculture qui est assurée de vendre ses betteraves à un prix rémunérateur. Cette loi a encore pour effet d'entraîner une rapide amélioration des cultures.

En juin et juillet, une autre discussion, très importante au point de vue des intérêts agricoles, occupa de nombreuses séances.

La loi du 31 mars 1885 portait à 3 francs le droit d'entrée sur les blés, qui n'était précédemment que de 60 centimes. Plusieurs propositions tendant à porter ce droit à 5 francs avaient été présentées depuis l'ouverture de la session.

Dans la séance du 10 juillet, le ministre de l'agriculture conclut à ce que le vote fût ajourné parce que la loi de mars 1885 était trop récente pour qu'on en pût apprécier les effets, et parce que, au cas où l'augmentation de la surtaxe serait votée par la Chambre à cette époque tardive, le Sénat n'aurait pas le temps de voter la loi avant la fin imminente de la session, de sorte que la spéculation pourrait, dans l'intervalle, faire entrer de grandes quantités de grains afin de profiter de l'augmentation de la surtaxe. Par conséquent, la loi proposée, au lieu d'être utile, porterait un préjudice certain aux agriculteurs.

Conformément à cette opinion, l'ajournement fut voté par 273 voix contre 264.

Le 13 juillet, interpellation de la droite au sujet du duc d'Aumale, qu'un décret du Président de la République venait d'expulser, en réponse à une lettre que le duc lui avait écrite.

Ordre du jour approbatif voté par 375 voix contre 168.

L'impression et l'affichage du discours prononcé à cette occasion par le général Boulanger, ministre de la guerre, sont ordonnés par 331 voix contre 180.

VII

Nous n'avons pas eu pour objet de tracer un historique ni même un sommaire complet des travaux de la Chambre entre le 10 novembre 1885 et le 15 juillet 1886 ; nous avons seulement essayé de reconnaître les tendances de la législature actuelle pendant cette première année ; et les votes que nous avons rappelés y suffisent.

D'abord, on peut le dire, à la très grande louange du parti républicain, malgré leurs dissentiments, les divers groupes se sont généralement mis d'accord lorsque l'intérêt supérieur de la République était visible.

Les partis et les groupes ont souvent leurs mamelucks, toujours en quête d'affaires et de querelles ; mais cette humeur se rencontre rarement chez le plus grand nombre.

A l'occasion de la première proposition d'expulsion des princes, et surtout à l'occasion de l'emprunt, un fort désir de faire échec au ministère s'est trahi ; néanmoins, dans la plupart des circonstances, une majorité s'est retrouvée non point compacte, mais unie.

Tous ceux qui s'y sont rencontrés n'étaient pas charmés de soutenir le ministère, cela est certain ; mais ils ont certainement voulu soutenir la République, et ils l'ont prouvé d'autant plus qu'ils étaient moins partisans du ministère.

Cette majorité n'est donc pas de celles que l'on tient en laisse, comme cela s'est vu naguère. Cependant, en dépit des intrigues, des regrets, des impatiences, et de certains flottements inévitables dans une Chambre qui contient 260 députés nouveaux, cette majorité, après s'être montrée d'abord au chiffre modeste de 317, a passé par des chiffres grandissants jusqu'au delà de 370 ; et, à la fin de la session, elle paraissait déjà assez formée pour se retrouver chaque fois qu'on lui montrerait clairement l'intérêt de la République.

En novembre 1885, personne ne croyait que les choses se passeraient si bien.

On se battra dans la Chambre ! disait-on.

Aucun ministère ne pourra durer !...

Or on ne s'est point battu, le ministère a duré, et même en tenant compte de quelques gros mots et de quelques rappels à l'ordre, cette Chambre, jusqu'ici, s'est montrée beaucoup plus mesurée et plus calme que la précédente.

Comment se décompose la majorité?

D'abord on trouve l'union des gauches qui réunit les débris de l'ancienne union républicaine et de l'ancienne union démocratique.

Ses chefs sont-ils pour très longtemps hors du pouvoir?...

Nous nous sommes interdit toute prédiction.

Le groupe opposé est l'extrême gauche comprenant plus de quatre-vingts membres.

A la tête de ce groupe, M. Clémenceau est certainement aujourd'hui et sans conteste le premier orateur de la Chambre. Son autorité est assez grande et ceux qui le suivent sont assez nombreux pour qu'aucun ministère ne puisse vivre sans être soutenu par lui. Son arrivée au pouvoir est-elle prochaine?...

Nous nous sommes interdit toute prédiction.

Parmi les membres de l'extrême gauche il en est un certain nombre qui se séparent souvent de M. Clémenceau, ils n'ont pas tous le même programme : ce ne sont pas des conditions favorables pour que ce groupe si important puisse avoir sur les affaires publiques une influence proportionnée au nombre et à la valeur de ceux qui le composent.

Enfin vient la gauche radicale, déjà existante dans la dernière Chambre où elle comptait environ quarante membres.

Elle ne comprenait, en décembre 1885, qu'une trentaine d'adhérents ; elle s'est accrue peu à peu ; en juillet, elle en comprenait soixante-quinze, parmi lesquels il faut citer M. Floquet, M. Lockroy et M. Wilson qui en font partie depuis longtemps.

Son programme est absolument radical et uniforme ; tous ceux qui veulent y entrer doivent le signer. Ce groupe marche avec un très grand ensemble.

Aux membres de ces deux groupes il faut ajouter vingt ou trente députés qui ne font partie d'aucun groupe, mais qui votent presque toujours avec les radicaux ; de sorte que, en résumé, le parti radical compte à la Chambre au moins 180 membres, c'est-à-dire à peu près la moitié du parti républicain.

Quant à la droite monarchiste qui paraissait au commencement si menaçante, et quoique plusieurs de ses orateurs déploient un grand talent, sa politique n'a réussi qu'à provoquer une loi d'expulsion des princes. La parfaite indifférence avec laquelle l'opinion générale a vu s'éloigner les prétendants doit lui inspirer quelques réflexions.

Cette Chambre est portée aux mesures protectionnistes beaucoup plus que la précédente.

Pour la séparation de l'Église et de l'État, le progrès est visible.

Que fera cette Chambre ?

Elle montre une certaine ardeur au travail ; elle a produit déjà des centaines de propositions sur les sujets les plus importants. La tribune n'a jamais chômé, de jeunes députés y ont fait preuve d'aptitudes remarquables.

Malheureusement cette Chambre est assujettie par son règlement à une méthode de travail absolument mauvaise.

Quelles seront les questions politiques sur lesquelles s'ouvrira la prochaine session ?

Les groupes radicaux continueront-ils de s'accroître ?

C'est ce que nous n'avons pas la prétention de découvrir et encore moins d'annoncer.

PAUL DE JOUVENCEL.

Député de Seine-et-Oise.

6 septembre 1886.

OUVRAGES DU MÊME AUTEUR

GENÈSE SELON LA SCIENCE (Garnier frères, éditeurs).

    1° LES COMMENCEMENTS DU MONDE, 1 vol. in-18;
    2° LA VIE, 1 vol. in-18;
    3° LES DÉLUGES (géologie), 1 vol. in-18.

1870, RÉCITS DU TEMPS. 1 vol. in-18 (Dentu, éditeur)...   3 fr. 50

AIDE-MÉMOIRE DU PARTISAN FRANC-TIREUR (Dumaine, éditeur),
1 vol. avec figures.. 5 fr. »

RÉCITS DU TEMPS, Pierre Corbeau, 1 vol. in-18 (Ollendorff, éditeur).

EN PRÉPARATION

La 3ᵉ édition de **GENÈSE SELON LA SCIENCE.**

Cette nouvelle édition comprendra les deux derniers volumes, *les Déluges* (paléontologie) et *l'Époque actuelle*.